Laurent Borniche

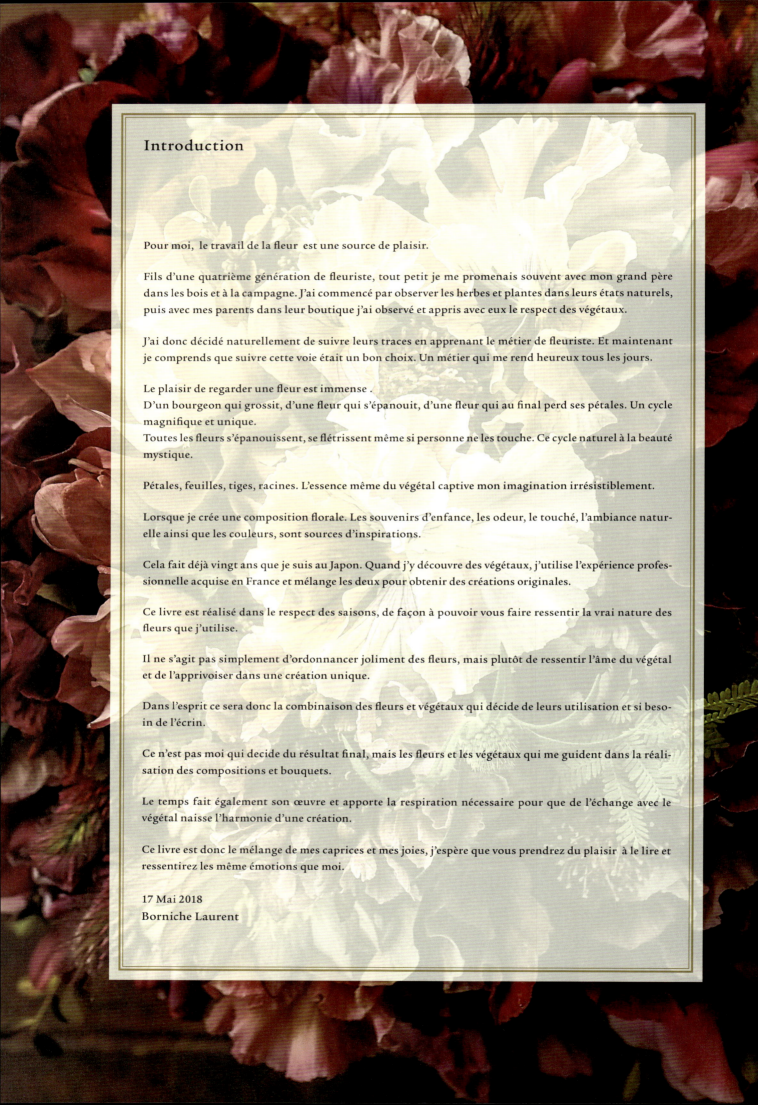

Introduction

Pour moi, le travail de la fleur est une source de plaisir.

Fils d'une quatrième génération de fleuriste, tout petit je me promenais souvent avec mon grand père dans les bois et à la campagne. J'ai commencé par observer les herbes et plantes dans leurs états naturels, puis avec mes parents dans leur boutique j'ai observé et appris avec eux le respect des végétaux.

J'ai donc décidé naturellement de suivre leurs traces en apprenant le métier de fleuriste. Et maintenant je comprends que suivre cette voie était un bon choix. Un métier qui me rend heureux tous les jours.

Le plaisir de regarder une fleur est immense.
D'un bourgeon qui grossit, d'une fleur qui s'épanouit, d'une fleur qui au final perd ses pétales. Un cycle magnifique et unique.
Toutes les fleurs s'épanouissent, se flétrissent même si personne ne les touche. Ce cycle naturel à la beauté mystique.

Pétales, feuilles, tiges, racines. L'essence même du végétal captive mon imagination irrésistiblement.

Lorsque je crée une composition florale. Les souvenirs d'enfance, les odeur, le touché, l'ambiance naturelle ainsi que les couleurs, sont sources d'inspirations.

Cela fait déjà vingt ans que je suis au Japon. Quand j'y découvre des végétaux, j'utilise l'expérience professionnelle acquise en France et mélange les deux pour obtenir des créations originales.

Ce livre est réalisé dans le respect des saisons, de façon à pouvoir vous faire ressentir la vrai nature des fleurs que j'utilise.

Il ne s'agit pas simplement d'ordonnancer joliment des fleurs, mais plutôt de ressentir l'âme du végétal et de l'apprivoiser dans une création unique.

Dans l'esprit ce sera donc la combinaison des fleurs et végétaux qui décide de leurs utilisation et si besoin de l'écrin.

Ce n'est pas moi qui decide du résultat final, mais les fleurs et les végétaux qui me guident dans la réalisation des compositions et bouquets.

Le temps fait également son œuvre et apporte la respiration nécessaire pour que de l'échange avec le végétal naisse l'harmonie d'une création.

Ce livre est donc le mélange de mes caprices et mes joies, j'espère que vous prendrez du plaisir à le lire et ressentirez les même émotions que moi.

17 Mai 2018
Borniche Laurent

はじめに

私にとって、花に触れることは喜びです。

フランスで花屋の4代目として生まれ、幼い頃からフローリストの祖父と田舎の森へ行って草木を観察することや、花に囲まれて仕事する両親の姿を眺めることが日常でした。

フローリストの道に進むことは自然な流れでしたが、長い年月を重ねた今では、自分がこの道を選んだことが正しい選択であったこと、素晴らしい仕事を選んだことを心から幸せに感じています。
花の仕事を始めてから30年近く経つ今日でも、たった一輪の花に心が躍り、気分が高揚したりするのです。
硬い蕾が一日一日力強く花開き、咲き誇った瞬間の美しさに息を飲み、一瞬で花が散りゆく姿に儚さを感じます。
全ての花は咲き、そして散り枯れてゆく。
人間が手を加えなくともその過程、その姿そのものが十分に美しく神秘的な存在だと思います。
花弁、葉、茎、根、その植物世界の凛とした姿は、人の心を虜にします。

私の花装飾の根底にあるものは幼い頃からの記憶、土地の空気、匂い、感触、自然の中の景色や色彩。
あらゆる感覚が刺激され、植物から感受し想起することは数多くあります。

故郷フランスから来日し20年目を迎えました。
作品作りの際にはフランスで培った経験、記憶が基盤となり、日本での素晴らしい草花との出会いによって想像力、創造力が掻き立てられます。

本書では四季に沿って季節ごとの花の姿を自分なりの生かし方で表現しました。
花をきれいにうまく飾る、束ねるというよりも、内側から発する花の力をどう受けとめ、表現するかを心に留めながら花と向き合いました。
どのような花合わせが自然なのか、どんな器に生けるのがふさわしいか。思考を巡らすこともあれば、花に導かれ無心で紡ぎ出すこともあります。

集中する時間と、心を落ち着かせ俯瞰的な目線で全体をとらえる時間。
その両方の調和により、花の本質を理解できる気がします。
自分なりのこだわりと楽しみを込めた本となりました。

花の魅力を皆さまにも感じていただき、お伝えできましたら幸いです。

2018年5月17日
ローラン・ボーニッシュ

Table des matières

Introduction 004

✳✳✳

Printemps
008

Bouquet bleu mauve odeur du printemps 010
Compression gâteaux de sucre 012
Meuble à pharmacie du printemps 014
Couleur guimauve 016
Picnic à la maison 018
Muguet 024
Tableau meli melo 026
Champêtre du printemps 028
Palette murale 030
Harmonie de senteurs de roses 032
Fauteuille belle époque 036

Été
040

Saison des pluies 042
Ambiance nature 046
Hydrangea japonica et macrophylla 048
Un petit monde 050
Brise rafraîchissante 052
Forêt mysterieuse 054
Chandelier 056
Orchidée estivale 058
Ombre et soleil 060

Automne
064

Terre de Sienne *066*
Bouquet de baie d'automne *070*
Gâteau de fleurs *072*
Table de fruits d'automne *074*
Bouquet des bord de Loire *078*
Barbotine de baie *080*
Graminées *082*
Compression de bois et fleurs *084*
Dégradé de Bourgogne *088*
Couronne de fruit d'automne *092*

Hiver
096

Candélabre de Noël *098*
Couronne de Noël naturel *100*
Couronne de Noël grand classique *102*
Fin de l'hiver *104*
Grenat *108*
Bouquet mature *112*
Boiserie *114*
Framboise *118*

***

Liste des œuvres *122*
Profil *128*

Printemps

Odeurs fraîches du printemps

Bouquet bleu mauve odeur du printemps

Compression gâteaux de sucre

Meuble à pharmacie du printemps

Couleur guimauve

Picnic à la maison

Muguet

Tableau meli melo

Champêtre du printemps

Palette murale

Harmonie de senteurs de roses

Fauteuille belle époque

Été

Ombres et lumières d'été

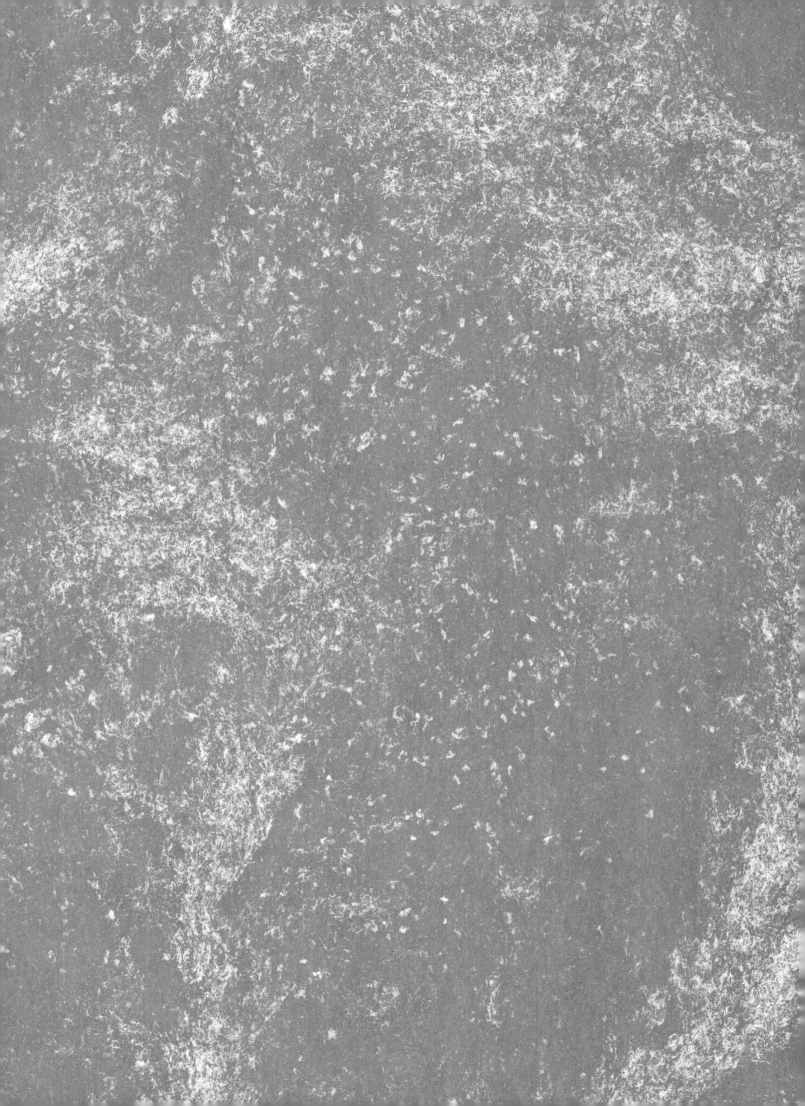

Saison des pluies

Ambiance nature

Hydrangea japonica et macrophylla

Un petit monde

Brise rafraîchissante

Forêt mysterieuse

Chandelier

Orchidée estivale

Ombre et soleil

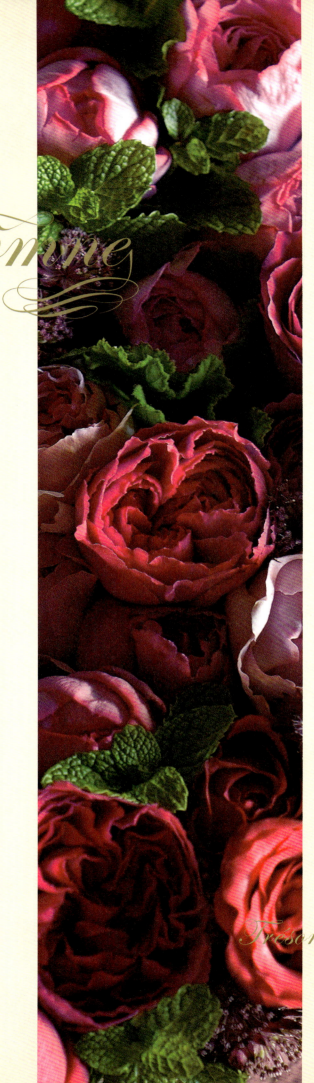

Automne

Trésor naturel

Terre de Sienne

Bouquet de baie d'automne

Gâteau de fleurs

Table de fruits d'automne

Bouquet des bord de Loire

Barbotine de baie

Graminées

Compression de bois et fleurs

Dégradé de Bourgogne

Couronne de fruit d'automne

Hiver

Ambiance hivernale

Candélabre de Noël

Couronne de Noël naturel

Couronne de Noël grand classique

Fin de l'hiver

Grenat

Bouquet mature

Boiserie

Framboise

Liste des œuvres

Printemps
春

p.010
—
Bouquet bleu mauve odeur du printemps
春の香りの青紫色のブーケ
—
パンジー、ムスカリ、ワスレナグサ、ラケナリア、スイートピー、ヒヤシンス、ニゲラ、クリスマスローズ、スカビオサ、赤葉アカシア、ヘデラベリー

p.012
—
Compression gâteaux de sucre
花のシュガーケーキ
—
パンジー、アジサイ、ニゲラ、ツルバキア、ゼラニウム

p.014
—
Meuble à pharmacie du printemps
棚を飾る春の花
—
クリスマスローズ、スズラン、ライラック、アイビー、ミント、ヘデラベリー、シレネ'グリーンベル'

p.016
—
Couleur guimauve
ギモーヴ色のブーケ
—
スイートピー、ラナンキュラス、アストランチア、アカシア、クリスマスローズ、ゼラニウム、ローズマリー、ダスティーミラー'シラス'

p.018

Picnic à la maison
ピクニック・ア・ラ・メゾン

—

パンジー、ムスカリ、シレネ'グリーンベル'、
シクラメン、アイビー、ワイルドベリー、
ツチゴケ

p.030

Palette murale
壁装飾

—

アジサイ、オオデマリ、ライラック、
クリスマスローズ

p.024

Muguet
ミュゲ〜鈴蘭〜

—

スズラン、ムスカリ、シレネ'グリーンベル'、
ホワイトレースフラワー、ミント、バイモユリ、
アイビー、ナズナ、スモークグラス

p.032

Harmonie de senteurs de roses
薔薇の香りのハーモニー

—

バラ(ロゼ・ドゥ・パルファム、ブル・ドゥ・
パルファム、メルシー・ドゥ・パルファム、
ルージュ・ドゥ・パルファム、フレグランス・
オブ・フレグランシス)、
アフリカンブルーバジル、ゼラニウム、
ローズマリー、銀葉アカシア、
アストランチア

p.026

Tableau meli melo
メリメロの額縁

—

スカビオサ、パンジー、
クリスマスローズ、スイートピー、
アストランチア、ニゲラ、アジサイ、
ヘデラベリー、ガマズミ

p.036

Fauteuille belle époque
ベルエポックの椅子

—

アジサイ、クレマチス、クリスマスローズ、
オオデマリ、アイビー、ヤマゴケ

p.028

Champêtre du printemps
春のシャンペートルブーケ

—

チョコレートコスモス、クリスマスローズ、
ツインキャンドル、セリンセ、ニゲラ、
プチロータス、キアネラ、オダマキ、
ベニスモモ、ヒメミズキ、ミント、
スモークグラス、ナズナ、ライラック、
アストランチア、ビバーナム・スノーボール、
ゼラニウム

Été
夏

p.042

Saison des pluies
雨の季節

アジサイ、ブラックベリー、
アメリカテマリシモツケ'ディアボロ'、
ゼラニウム

p.052

Brise rafraîchissante
爽やかな風の中

アストランチア、リョウブ、ヒメミズキ、
グミ、アメリカテマリシモツケ'ディアボロ'、
ナズナ、ツインキャンドル

p.046

Ambiance nature
初夏の澄んだ空気と風景

サラセニア、アキレア、
ユリ'スイートメモリー'、ナズナ、
リョウブ、カルカヤ、レースフラワー
'ダウカススモーキー'、トロリウス、
パニカム、ワイルドオーツ、オカトラノオ、
モントブレチア

p.054

Forêt mysterieuse
ミステリアスな森の雰囲気

クレマチス、アジサイ、サラセニア、
ブラックベリー、アストランチア、
スモークグラス、ホワイトレースフラワー、
コバンソウ、グリーンスケール、ナズナ、
レモングラス、カルカヤ、セアノサス、
シラカバの枝、ハゴロモジャスミン、
バーベナ

p.048

Hydrangea japonica et macrophylla
日本の紫陽花、西洋の紫陽花

アジサイ、ビバーナム・スノーボール、
ナナカマド、トサミズキ、ヒメミズキ、
リョウブ、ゼラニウム、
ホワイトレースフラワー

p.056

Chandelier
花のシャンデリア

トケイソウ、クレマチス、アストランチア、
シンフォリカルポス、レンゲショウマ、
シキンカラマツ、ヤマホロシ、
グリーンスケール、カルカヤ

p.050

Un petit monde
小さな世界

シキンカラマツ、アストランチア、
シレネ'グリーンベル'、
レースフラワー'ダウカスボルドー'、
カルカヤ、グラミネ

p.058

Orchidée estivale
夏の蘭

パフィオペディルム(アルビオンほか)、
アストランチア、ナズナ、グリーンスケール、
コバンソウ、スモークグラス、枯れ草

Automne
秋

p.060
—
Ombre et soleil
陰影と陽光
—
ヒマワリ、ジニア'ペルシャンカーペット'、
トリトマ、ナズナ、アジサイ、
アストランチア、キョウカノコ、
ベニスモモ、ゼラニウム、スモークグラス、
アメリカテマリシモツケ'ディアボロ'

p.066
—
Terre de Sienne
シエナの土壌
—
サラセニア、カラー（ピンクハーツ、
サムールほか）、カルカヤ、ミント、
ヤマゴケ、アカヅルの皮

p.070
—
Bouquet de baie d'automne
秋の実を束ねる
—
ブラックベリー、ヤマイチゴ、ヤマゴボウ、
紅葉ヒペリカム、ビバーナム、
アフリカンブルーバジル

p.072
—
Gâteau de fleurs
ガトーフルーリ
—
バラ（アートリークローズ、オリビア、
ピンク イブ ピアッチェ、レオノア、
ブルジョア）、アストランチア、ミント、
ランタナ

p.074
—
Table de fruits d'automne
花と果実の饗宴
—
ダリア、アジサイ、アフリカンブルーバジル、
紅葉ヒペリカム、ブラックベリー、アロニア、
ヤマゴケ、シッサス・ディスカラー、
アメリカテマリシモツケ'ディアボロ'、
イチジク、プラム、プルーン、洋ナシ

p.078
—
Bouquet des bord de Loire
ロワール河の畔のブーケ
—
スカビオサ、レースフラワー、
シレネ'グリーンベル'、アキレア、
シキンカラマツ、アストランチア、ナズナ、
カルカヤ、スモークグラス、紅葉ヒペリカム、
ヒメミズキ、グラミネ

p.088
—
Dégradé de Bourgogne
ブルゴーニュの色彩
—
ダリア、アジサイ、アストランチア、
ヒメミズキ、ゼラニウム、ブドウの葉、
イチジク、ザクロ、プルーン

p.080
—
Barbotine de baie
アンティークのバルブティンに飾る
秋の実もの
—
ブラックベリー、ヤマイチゴ、ビバーナム、
ヤマゴボウ、アストランチア、
紅葉ヒペリカム、ブドウの葉

p.092
—
Couronne de fruit d'automne
豊穣な秋のリース
—
ブラックベリー、ヤマイチゴ、アロニア、
ヨウシュヤマゴボウ、ブルーベリー、カリン、
ヒメリンゴ、アジサイ、アストランチア、
グミの葉、紅葉ヒペリカム

p.082
—
Graminées
グラミネを生ける
—
アストランチア、ブラックベリー、
トサミズキ、ベニスモモ、ナズナ、
グリーンスケール、エノコログサ、
ゼラニウム、ヤマゴケ、
そのほかのグリーン

p.084
—
Compression de bois et fleurs
花と樹木
—
ダリア、ケイトウ、バラ'ノヴァーリス'、
アジサイ

Hiver
冬

p.098

Candélabre de Noël
ノエルの燭台

モミ、コニファー'ブルーアイス'、
ヤマゴケ、シンフォリカルポス、アジサイ、
ヤマブドウ、マツカサ、シラカバの枝

p.108

Grenat
ガーネット色のコンポジション

パフィオペディルム、クリスマスローズ、
アジサイ、赤葉アカシア、アイビー、
ヤマゴケ、ガジュマルの根

p.100

Couronne de Noël naturel
ナチュラルなクリスマスリース

モミ、ヒムロスギ、
コニファー'ブルーバード'、
ガマズミ、クルミ、オーク、マツカサ

p.112

Bouquet mature
大人色の魅惑的なブーケ

パフィオペディルム、赤葉アカシア、
スカビオサ、アイビー、ベニツゲ、
アメリカイワナンテン

p.102

Couronne de Noël grand classique
伝統的なクリスマスリース

モミ、ヒムロスギ、
コニファー'ブルーバード'、マツカサ

p.114

Boiserie
木目装飾

クリスマスローズ（氷のバラ、
ピンクフロストほか）、ガマズミ、
シラカバの樹皮、ベニツゲ、アイビー

p.104

Fin de l'hiver
冬の終わり

チューリップ（ストロングゴールド、
L.V.Dマーク、白雲）、
コニファー'ブルーアイス'、ウメゴケの枝

p.118

Framboise
フランボワーズのモノクロームブーケ

パンジー、スカビオサ、クリスマスローズ、
ツインキャンドル、赤葉アカシア、
チューリップ、ベニツゲ、スイートピー

ローラン・ボーニッシュ
Laurent Borniche

フラワーデザイナー
Laurent.B Bouquetier 代表

フランス・パリ郊外、ブーローニュの森に隣接する高級住宅地ヌイイ市に曾祖父から続くフローリストの4代目として生まれる。エコール・デ・フルーリスト・ドゥ・パリ卒業後、16歳よりフローリストとしての道を歩み始め、パリの老舗花店等で研鑽を積み、母校派遣講師として1998年に来日。伝統あるフランス花文化のエスプリを伝え続けている。植物への深い愛情と豊富な知識、熟練した技術により紡ぎ出される作品の洗練されたデザイン、色彩感覚、感性は、日本の花業界に大きな影響を与えている。自らをアルティザン、職人と称し、植物を美しく魅せる情景にもこだわる。花器や家具をリメイクし、背景を自作するなど、花のある空間を創造する独自の世界観は「ローランスタイル」といわれることも。2014年、東京・田園調布にデザインアトリエ「Laurent.B Bouquetier（ローラン・ベー・ブーケティエ）」を設立。著書に『ローラン・ボーニッシュのブーケレッスン new edition』『ローラン・ボーニッシュのフレンチスタイルの花贈り』（以上誠文堂新光社）がある。

Laurent.B Bouquetier（ローラン・ベー・ブーケティエ）
東京都大田区田園調布3-4-5 1F
TEL: 03-5755-5683
https://www.laurentb-bouquetier.com/
e-mail: info@laurentb-bouquetier.com

コーディネーター　床並志乃

ジュー・ドゥ・フルール
Jeux de fleurs

2018年5月22日　発行　　　　　　　　　　　NDC793

著　者　Laurent Borniche　ローラン・ボーニッシュ

発行者　小川雄一
発行所　株式会社 誠文堂新光社
　　　　〒113-0033　東京都文京区本郷3-3-11
　　　　（編集）電話 03-5800-5779
　　　　（販売）電話 03-5800-5780
　　　　http://www.seibundo-shinkosha.net/

印刷・製本　図書印刷 株式会社

©2018, Laurent Borniche.　　　　　　　Printed in Japan

検印省略
禁・無断転載

落丁、乱丁本は、お取り替えいたします。
本書に掲載された記事の著作権は著者に帰属します。これらを無断で使用し、展示・販売・レンタル・講習会等を行うことを禁じます。

本書のコピー、スキャン、デジタル化等の無断複製は、著作権法上での例外を除き、禁じられています。本書を代行業者等の第三者に依頼してスキャンやデジタル化することは、たとえ個人や家庭内での利用であっても、著作権法上認められません。

JCOPY 〈(社)出版者著作権管理機構 委託出版物〉
本書を無断で複製複写（コピー）することは、著作権法上での例外を除き、禁じられています。本書をコピーされる場合は、そのつど事前に、(社)出版者著作権管理機構（電話 03-3513-6969／FAX 03-3513-6979／e-mail:info@jcopy.or.jp）の許諾を得てください。

ISBN978-4-416-91732-9

撮影　　山家 学（アンフォト）
　　　　日下部健史（P.50-51、P.70-71、P.78-81、P.88-91、P.128）
装丁・デザイン　川添英昭
編集　　宮脇灯子
プリンティングディレクション
　　　　佐野正幸（図書印刷株式会社）